ÁRBOLES

un libro de comparación y contraste

por Katharine Hall

Los árboles son plantas con un tallo leñoso, llamado tronco.

os árboles pueden plantar sus raíces en el agua . . .

. . . sobre las rocas . . .

...o adentro de la tierra. Esta tierra alrededor del árbol se ha erosionado; es por eso que las raíces están expuestas.

Este árbol de roble vive en un bosque con muchos otros árboles.

Pero este árbol de acacia crece muy bien en el desierto, sólo.

Los árboles pueden vivir en climas cálidos, como este árbol de Josué.

Y los árboles pueden vivir en climas
fríos, como estos pinos abetos negros.

Algunos árboles, como este bonsai de azaleas satsuki, son muy pequeños aún cuando ya han crecido en su totalidad. Otros árboles son muy altos. El árbol de secuoya roja es el más alto en todo el mundo.

A los árboles caducifolios (de hoja caduca), se les caen las hojas una vez al año. Las hojas, en la mayoría de estos árboles, cambian de color antes que se caigan de los árboles.

Los árboles perennifolios no pierden sus hojas y se mantienen verdes durante todo el año.

Los árboles con hojas anchas y planas se llaman árboles planifolios. Otros árboles tienen hojas escamosas y se llaman coníferos.

Muchos árboles de
diferentes tipos crecen
en todo el mundo,
en cada continente
excepto Antártica.

Para las mentes creativas

¡Los árboles me ayudan a respirar!

¡Los humanos dependen de los árboles y otras plantas porque nos dan el aire que necesitamos para vivir! El aire está compuesto de una mezcla de diferentes gases. La mayoría del aire es nitrógeno, oxígeno y dióxido de carbono. Cuando nosotros los humanos respiramos aire, absorbemos el elemento oxígeno a los pulmones y después, exhalamos el dióxido de carbono.

A diferencia de los animales que tienen que comer para generar energía, las plantas hacen la suya propia mediante un proceso llamado fotosíntesis. Para completar la fotosíntesis, las plantas necesitan dióxido de carbono, agua y luz solar. Las plantas toman el dióxido de carbono del aire y del agua de la tierra a través de sus raíces. La clorofila en las hojas absorbe la energía de la luz solar. Las plantas utilizan la energía de la luz solar para crear una comida azucarada hecha de agua y del dióxido de carbono. Después de absorber el dióxido de carbono, las plantas crean oxígeno y lo liberan al aire para que los humanos y otros animales lo respiren.

Un adulto puede absorber tanto como 48 libras (21.7kg) de dióxido de carbono cada año. Algunos árboles también pueden ayudar a filtrar la contaminación del aire. Los árboles en las grandes ciudades deben ser muy resistentes a la contaminación. Otros árboles, no pueden sobrevivir en áreas que están muy contaminadas.

¿Qué más hacen los árboles por mí?

Los árboles son necesarios para que los humanos vivan y respiren. ¡Pero después que un árbol se muere, se convierte en un recurso natural que puede ser utizado de diferentes maneras por los humanos! Observa las siguientes imágenes a continuación y participa diciendo cuáles están hechas utilizando partes viejas de los árboles.

corcho

libro

violín

silla

caminos para el tren

lápices de colores

pedazos de madera
para patio de juegos

mesas para picnic

libretas

Partes de un árbol

Los árboles tienen muchas partes diferentes las cuales permiten a la planta crecer, vivir y reproducirse. Une la descripción a la imagen.

A.

B.

C.

D.

1. Como todos los seres vivos, los árboles necesitan reproducirse. A los árboles les crecen flores, las cuales crean el polen. El polen es llevado de una flor a otra por el viento, el agua o los insectos. Después que la flor ha sido polinizada, produce una semilla. Muchas semillas de estos árboles crecen dentro de las frutas, nueces o conos. Una semilla puede crecer y convertirse en un árbol nuevo.

2. Los árboles absorben energía de la luz solar a través de sus hojas. Las hojas planas y anchas toman más energía del sol. Las hojas pequeñas y escamosas son las mejores para sobrevivir en condiciones de clima extremas.

3. El tronco soporta el peso de la planta y sostiene las ramas, flores y hojas sobre la tierra firme. Muchos animales encuentran o construyen sus casas en los árboles. Algunos animales encuentran o excavan agujeros en el tronco para hacer un nido en el interior del árbol. Otros animales construyen sus nidos con el apoyo de las ramas del árbol.

4. Los árboles absorben agua y nutrientes a través de sus raíces. Las raíces están generalmente debajo de la tierra y sujetan la planta en su lugar para que no se caiga ni se vuele con el viento. Algunos árboles tienen raíces que se extienden muy profundamente en el suelo. Otros árboles, tienen sistemas de raíces poco profundas que se ramifican hacia todos los lados o por debajo de la superficie.

Árboles y Animales

Los árboles son una parte importante para el hábitat de muchos animales. Muchos animales, incluyendo a los humanos, comen la comida que viene de los árboles. Algunos animales se comen la corteza o las hojas. Otros, se comen la fruta y las nueces que los árboles producen.

Los árboles dan sombra, la cual, mantiene un área fresca. Los animales pueden descansar debajo de un árbol para esconderse del caluroso sol. Durante la época más caliente del verano, ¡la sombra de los árboles puede tener una diferencia de 20°F (11°C)!

Muchos animales construyen sus casas adentro y alrededor de los árboles. Las arañas tejen sus telarañas de un árbol a otro. Los roedores, como los topos y los ratones, cavan hoyos cerca de las raíces de los árboles. Este pájaro, un tejedor pinzón, hace su nido.

Depredadores como este jaguar pueden esperar en un árbol por su presa y ¡saltar sobre ella desde arriba!

Los animales que son presa, como esta ardilla, pueden escabullirse dentro del árbol para escapar de un depredador sobre tierra firme.

A mis hermanas, Rachel y Helen, y a todos mis amigos que han trepado árboles conmigo a través de los años.—KH

Con agradecimiento a Jaclyn Stallard, Directora de Programas de educación en Project Learning Tree (www.plt.org) por la verificación de la autenticidad de la información en este libro.

Los datos de catalogación en información (CIP) están disponibles en la Biblioteca Nacional

9781628554533   portada dura en Inglés ISBN
9781628554618   portada suave en Inglés ISBN
9781628554694   portada suave en Español ISBN
9781628554779   libro digital descargable en Inglés ISBN
9781628554854   Spanish eBook downloadable / libro digital descargable en Español ISBN
9781628554939   Interactivo libro digital para leer en voz alta con función de selección de texto en Inglés y Español y audio (utilizando web y iPad/ tableta) ISBN Inglés
9781628555011   Interactivo libro digital para leer en voz alta con función de selección de texto en Inglés y Español y audio (utilizando web y iPad/ tableta) ISBN Español
LCCN: 2014939444

Título original en Inglés: Trees: A Compare and Contrast Book   Traducido por Rosalyna Toth, en colaboración con Federico Kaiser.

Bibliografía:

Kuhns, Michael. "What is a Tree?." Utah State University. Accessed December 2013. <http://forestry.usu.edu/htm/treeid/what-is-a-tree-youth>.

"Trees and Vegetation." United States Environmental Protection Agency. Accessed January 2014. <http://www.epa.gov/heatisland/mitigation/trees.htm>.

Thanks to Terry Hall for the use of his photographs for this book, to Andrew F. Kazmierski for allowing the purchase of his photograph through shutterstock, and to the remaining photographers and organizations for releasing their images into the public domain.

Photo	Photographer or Organization
Title Page	Terry Hall
September in the Forest	Larisa Koshkina
Mangrove	Steve Hillebrand, USFWS
Rocks and Roots	Lilla Frerichs
Tree Roots	Larisa Koshkina
Forest, Spanish Moss	Steve Hillebrand, USFWS
Umbrella Thorn Acacia Tree	Gary M. Stolz, USFWS
Joshua tree & stone landscape	Andrew F. Kazmierski , Shutterstock
Denali trees in winter	Tim Rains, National Park Service
Bonsai	Michael Drummond
Redwood	National Park Service
Autumn Landscape	Larisa Koshkina
Evergreens in Winter	Terry Hall
Maple Leaves	Ryan Hagerty, USFWS
Conifer and Snow	Terry Hall
Forest background	George Gentry, USFWS
Skyline and City Streets	Alex Grichenko
Book	George Hodan
Wooden Chair	Petr Kratochvil
Cork	Kajoch Adras
Spiral Notepad	Karen Arnold
Colored Pencils	Petr Kratochvil
Picnic table	Darren Lewis
Playground	Peter Griffin
Tracks to nowhere	Scott Meltzer
Violin	Katrina Joyner
Flowering Tree	Jeanette ONeil
Various Fruits	Petr Kratochvil
Nuts	Petr Kratochvil
Jaguar on Tree Trunk	Lilla Frerichs
Squirrel	George Hodan
Picnic Table Under Tree	Lilla Frerichs
Weaver Bird Weaving Nest	Lilla Frerichs

Elaborado en los EE. UU.
Este producto se ajusta al CPSIA 2008

Arbordale Publishing
Mt. Pleasant, SC 29464
www.ArbordalePublishing.com

CPSIA information can be obtained at www.ICGtesting.com
Printed in the USA
LVOW02s0725060215

425965LV00003B/10/P